LARS RUPPEL

DIE KUH VOM EIS

NEUE GEDICHTE
ÜBER REDENSARTEN

ILLUSTRIERT VON
EYKE-SÖREN RÖHRS

SAT*R
VERLAG

Über den Illustrator:

EYKE-SÖREN RÖHRS ist in einem Dorf in der Lüneburger Heide aufgewachsen. Nach Aufenthalten in den USA und einem Studium an der Muthesius Kunsthochschule in Kiel studiert er derzeit Anglistik in Potsdam. Er wirkte an verschiedenen visuellen Projekten mit und ist seit 2011 auch als Musiker und Sänger tätig.

Von LARS RUPPEL im Satyr Verlag erschienen:

– »Holger, die Waldfee. 10 Gedichte über Redensarten« (2014)
– »Geblitzdingst. Slam-Poetry über Demenz« (2016, Herausgeber)

Ein gemeinsames Hörbuch zu »Holger, die Waldfee« und »Die Kuh vom Eis« ist bei Random House Audio erschienen (März 2017).

1. Auflage März 2017 (1.–5. Tausend)

© Satyr Verlag Volker Surmann, Berlin 2017
www.satyr-verlag.de

Vorlage für Cover-Grafik: Eyke-Sören Röhrs
Druck und Bindung: CPI Moravia Books, Pohorelice
Printed in Czech Republic

Die Deutsche Nationalbibliothek verzeichnet diese Publikation in der Deutschen Nationalbibliografie; detaillierte bibliografische Daten sind im Internet abrufbar über: http://dnb.d-nb.de

Die Marke »Satyr Verlag« ist eingetragen auf den Verlagsgründer Peter Maassen.

ISBN: 978-3-944035-85-7

Inhalt

Die Kuh vom Eis

Es war einmal eine Geschichte,
die wurd' Kindern gern erzählt,
weil die Kinder sie so fürchten
und sie die Geschichte quält.

Deren Echo in den Nächten
in der Dunkelheit erklingt,
die mit jeder ihrer Silben
in die Kinderträume dringt,

in der jeder, der sie hört,
ein bisschen von sich selbst entdeckt,
und niemand weiß ganz sicher,
wie viel Wahrheit in ihr steckt.

Alle Kinder soll'n sie hören.
Dafür hat man sie erdacht,
dass die Angst die bösen Kinder
etwas umgänglicher macht.

Die Geschichte, die auch mir mal
meine Seele umgepolt,
die Geschichte von der Kuh,
die sich die bösen Kinder holt.

Sie versteckt sich in den Wäldern.
Von dort kommt sie in der Nacht.
Was sie fasst, gefriert zu Tode,
denn sie ist aus Eis gemacht.

Aus den Nüstern stieben Stürme,
dass die Luft vor Kälte klirrt.
In den Adern taut das Wasser,
das in ihrem Herz gefriert.

So erscheint sie bei den Kindern
in den Zimmern, in der Nacht,
die verzweifelt überlegen,
welchen Fehler sie gemacht,

bis sie hoch und heilig schwören,
fortan immer brav zu sein.
Dann erklingt die Glocke leiser,
und die Kinder schlafen ein.

Wenn sie aus dem Schlaf erwachen,
dann liegt Schnee auf ihrem Haar.
Gerade so viel, dass sie wissen,
dass die Kuh bei ihnen war,

die nur deshalb wieder fortging,
weil ein Schwur ward abgelegt,
so lang, bis sie ihn gebrochen,
bis die Glocke wieder schlägt.

Und sie schlüge wohl noch immer,
wär' nicht eines Nachts die Kuh
zu dem einen Kind geschlichen,
das die kleinen Augen zu

hat und nun öffnet,
weil sich Schnee auf alles legt
und die Glocke einer Kuh
in seinem Kinderzimmer schlägt.

Das Kind, das schreit aus voller Kehle,
es seine böse Tat gesteht,
und die Kuh will schon verschwinden,
als die Zimmertür aufgeht.

»Was ist los, Kind?«, schreit der Vater,
und das Kind quiekt: »Eine Kuh!«
»Welche Kuh denn?«, fragt der Vater.
Da erklingt ein lautes »Muh«.

Fährt dem Vater durch den Körper –
Gänsehaut und Herzschlagsprung –,
und für eine Schrecksekunde
ist er selber wieder jung.

In die Star-Trek-Fanbettdecke
eingekauert sieht man ihn,
wie sein kleiner Kinderkörper,
randvoll mit Adrenalin,

fast vor Angst stirbt, weil sein Blut sich
in den Herzkammern versteckt,
als ob eine Hundezunge
eiskalt an der Seele leckt.

Tränen, Schweiß und Pipi fließen,
alle Härchen stellen sich steil.
Schrille Schreie, bange Blicke.
Flashback fertig, Vater: »Geil!«

Die Kuh stand plötzlich da und starrte
auf eine Visitenkarte
von Kai Diekmann, seines Zeichens
Redakteur der einflussreichen

BILD, die nur für achtzig Cents
im Preis schon den Intelligenz-
Quotienten nennt, der genügt, um den
Inhalt selb'ger zu versteh'n.

Und am nächsten Morgen schon
hockte in der Redaktion
die Kuh vom Eis am Monitor
und tat das Gleiche wie zuvor:

Sie machte Angst, nur musste sie
dafür nicht mehr selbst in die
Zimmer böser Kinder schleichen.
Vom Schreibtisch aus konnt' sie im gleichen

Zeitraum zwei Millionen Seelen
nur mit einem Text befehlen,
wovor sie sich fürchten sollen,
weil das die Menschen wissen wollen.

Sie schrieb im Zweihuftippsystem
Schlagzeilen, die dann listig dem,
der sie las, so Angst einjagten,
dass die Massen nicht zu zweifeln wagten.

»Gottverdammte Griechen-Gier:
Wir sind nicht das Sozialamt hier!«
Und: »Horrorurlaub! Deutschen-Hass!
Welle macht zwei Deutsche nass.«

Und: »Alle! Menschen! Müssen! Sterben! –
Hundert Fakten rund ums Erben.«
Und: »Wird uns Deutschland weggenommen? –
Ganz Afrika will rüberkommen.«

Diese und noch andere Werke
steigerten die Absatzstärke,
und so erhielt die Kuh vom Eis
sogar den Axel-Springer-Preis.

Doch einmal, nach dem Feierabend,
endlich Feierabend habend,
verließ sie das Verlagsgebäude
voller Feierabendfreude,

lockerte sich die Krawatte,
die sie umgebunden hatte
und an der die Glocke hing,
atmete tief ein und ging

in den Stadtpark, um dort diese
frisch erblühte Blumenwiese
anzutesten, durchzuschnaufen,
aus dem Stadtparksee zu saufen.

Und wie sie dort so wiederkäute,
hört' sie plötzlich fremde Leute,
Stimmen hinter sich und Schritte:
»Polizei, den Ausweis, bitte.«

Sie zeigte brav den Ausweis her,
machte ihre Taschen leer
und fragte dann nach der Kontrolle,
was man damit erreichen wolle.

Dort, wo sein Schlagstock stecken sollte,
steckte eine eingerollte
Zeitung, die der Bulle nun
hervorholte, um kundzutun:

»Es steht doch ständig in der Zeitung!
›Wer stoppt endlich die Verbreitung?
Bettelherden aus dem Osten
sind auf Steuerzahlerkosten

hier, um unsere Parks zu essen.‹«
Die Kuh wusste genau, aus wessen
Hufen dieser Unsinn stammte.
Noch vor dem ersten Wort erkannte

sie ihr Kürzel – K.V.E.
Da sah sie auf den Stadtparksee,
an dessen Rand in dem Moment
das Laternenfirmament

entflammte, und an allen Masten
hingen, mehr als wirklich passten,
Kameras, die jeden Flecken
des Parks mit Infrarot abcheckten.

Sie sah Vorratskammern voller Daten
und Straßen voll Pegida-Spaten.
Und sie sah Gold als Krisenwährung
und Forellengrippeimpfstoffe
und GPS-Sender an Kinderklamotten
und Bundeswehreinsätze im Innern
und geschlossene Stehplatztribünen
und private Sicherheitsfirmen
und Pfefferspraydosen
und Biopfefferspraydosen
und die Wahlergebnisse.

Und wie die Menschen sich misstrauten,
von hinter hochhaushoch gebauten,
massenmedial erzeugten
Mauern aus die Welt beäugten,

stets bereit, die hinterm Rücken
eingerollte BILD zu zücken.
Da fror sogar die Kuh vom Eis,
schnitt sie doch selbst das Schwarz ins Weiß,

aus dem die Welt die Angst ablas,
da ging sie durch das Stadtparkgras
und aus dem Stadtparktor hinaus
in Richtung Axel-Springer-Haus.

Dort schlich sie zwei Etagen tief
ins menschenleere BILD-Archiv,
häufte den papiernen Schund
zu einem großen Haufen und

nahm den Stift, der seit dem Tag
der Unterschrift unterm Vertrag
als ein Geschenk vom BILD-Verlag
verpackt auf ihrem Schreibtisch lag,

den jeder dort sein Eigen nennt,
der vorne schreibt und hinten brennt,
entzündete das Altpapier,
als jemand aus dem Dunkeln ihr

einen Stoß gab, und sie fiel
aufs frisch entfachte Flammenspiel.
Das Eis, aus dem die Kuh bestand,
wurde Wasser, das den Brand

löschte und als Dampf verschwand.
Der Täter wurde nie bekannt,
es fehlt bis heute ein Beweis.
Wer tötete die Kuh vom Eis

und rettete den BILD-Verlag
vorm wohlverdienten Brandanschlag?
Das BILD-Archiv bewachte zwar
'ne Überwachungskamera,

und Gutachten erwogen gar,
dass das Frau Frauke Petry war,
und manche blieben drauf bestehen,
von der Leyen sei zu sehen,

doch das sind Gedankenspiele.
Sicher ist, es gibt sehr viele,
die von Ängsten profitieren,
ob Eltern, die ihr Kind dressieren,

Politiker, die Wähler locken,
Bankberater, die Geld abzocken –
mit Angst erreichen sie ihr Ziel.
Denn wer Angst hat, denkt nicht viel.

Die Kuh vom Eis kommt nachts nicht mehr.
Das macht jetzt Thomas de Maizière.
Der flüstert Kindern leise zu:
»Du bist hier nicht mehr sicher: Buh!«

Alter Verwalter

Im Amtsschimmel züchtenden Herz dieses Landes:

Hauptgebäude, linker Flügel,
Stockwerk Nummer sieben:
Alle haben Feierabend,
keiner ist geblieben.

Roter Teppich, schwarzes Dunkel,
Stille einer Sorte,
wie man sie nur finden kann
im Schweigen jener Orte,

die der Mensch zur Arbeit aufsucht.
All die trüben Stunden,
die so zäh am Leben nagen;
Tausende Sekunden

tröpfeln vom Minutenzeiger,
Zeit und Leben ringen,
während vor dem Fenster Vögel
von der Freiheit singen.

Doch horcht! Was erklang da? Zerriss die Idylle
das Fax eines schlaflosen Senders?
Vielleicht kroch auch doch nur ein Luftbläschen durch
das Gedärm eines Trinkwasserspenders?

Nein, es kam deutlich vom Ende des Flures,
wo nur das Notausgangsschildglüh'n
als kränklicher Mond den Büroflur erhellte
mit notausgangstypischem Grün.

Da war'n noch zwei Türen, so selten benutzt,
dass schon Staub die Türklinken überzog
und zwischen den Türen ein Spinnennetz hing
das sich rhythmisch im Luftdurchzug wog.

Rechts lagerte Toner und hinter dem Toner
der Schnaps der Bereichsleiterin.
Doch was war wohl links? Das wusste keiner im Flur,
denn es war bisher niemand dort drin.

Was hörte man dann zu so nächtlicher Stunde,
von Rigips und Türholz gedämpft?
Geräusche, als ob drin ein Säbelzahntiger
mit Säbelzahnärzteteams kämpft;

als tobten Orkane, Tornados und Stürme
im Zimmer am Flurende links.
Auch wenn man sich erst gar nicht traute zu klopfen,
nachdem man kurz Luft holte, ging's.

Und drinnen schrie jemand »Herein!« durch's Getöse.
Man tat wie geheißen und stand
im ultrageheimen Versteck eines Helden:
dem Schutzpatron für dieses Land.

Der hardcore verwaltende, A7 erhaltende
Bodyguard der Bürokratie,
der Schützer von Ordnung und Rechtsstaatlichkeit,
der Türsteher der Harmonie,

der zuständigkeitsbereichsübergeordnete
Schutzengel für das Büro – der alte Verwalter.
Er war alt und Verwalter,
und deswegen hieß er auch so.

Er kämpfte mit glühenden Schreibutensilien
in Untiefen menschlichen Seins:
ein fehlender Protokollant bei der Gründung
des Pokémonzüchtervereins;

der Kneteverbrauch eines Stadtkindergartens
lag weit über Kalkulation.
Beim Richtfest des Mahnmals der Opfer von Chemtrails
gab's Bier ohne Schankkonzession.

Beim Weihnachtsbasar der Gesamtschule stand
an dem Waffelstand der 7a
am Preisaushang zwar der Verkaufswert der Waffeln,
doch die Zutaten standen nicht da.

Der Platzwart des Fußballvereins hat schon wieder
die Grünordnung nicht respektiert,
wo doch eindeutig steht, dass man Schachtelhalmflächen
nur donnerstags vertikutiert.

Dem Wohngeldantrag von Marina aus Münster
lag zwar eine Blutprobe bei,
der Fingerabdruck ihres Vaters und auf einer
Festplatte eine Datei

mit zwölf biometrischen Bildern der Katze
des Nachbarn und eine Kopie
vom Knax-Klub-Ausweis ihres Bruders
und auch der Befund ihrer Endoskopie,

doch fehlte der Essay von zwölf Seiten Umfang
zum Thema »Das Römische Reich«.
Das war ein verwaltungsakttechnisches Unding!
Er musste was tun und zwar gleich!

Er warf sich den Leitz-Umhang um seine Schultern,
nahm den »abgelehnt«-Stempel zur Hand,
dann stieg er auf sein Paragrafenmobil,
startete es und verschwand.

In doppelter Ausführung prangte sein Zeichen
am wolkigen Himmel der Stadt.
Und irgendwo dort schlief Marina, nicht ahnend,
welch große Probleme sie hat.

Mit seinem speziellen Büroklammerschlüssel
gelang ihm der Zutritt ins Haus,
er stieß sich beim Schleichen den Zeh schmerzhaft an,
denn das Licht in der Wohnung war aus.

Kissenfrisch hing rote Tinte am Stempel,
und fahl schien der magere Mond,
da sah er Marinas Gesicht, wie sie schlief,
und da konnte er nicht wie gewohnt

die Stirn des Verbrechers mit »abgelehnt« stempeln.
Als sie morgens wach wurde, fand
sie, sorgsam gefaltet, ein Blatt auf dem Nachttisch.
Sie öffnete es, und da stand:

»Formular zur Beantragung eines Termins
zur persönlichen Konsultation
zwecks gemeinsamer Einnahme eines Kaffees
oder and'rer Getränkeoption

in einer zum Ausschank von Kaffeeprodukten
berechtigten Gastronomie.
Nutzen Sie bitte zur Korrespondenz
die Fallreferenznummer, die

Frist endet gleich nach dem Lesen des Textes.«
Und da sie total auf Freaks stand,
faxte sie das Formular an die Nummer,
die sie in der Kopfzeile fand.

Und schon lag im Faxeingangsfach des Verwalters
auf chlorfrei gebleichtem Papier
die Antwort auf sein Rendezvousformular.
Es war ihm, als sähe er ihr

schönes Gesicht, und er fühlte das Fax.
Aber als er am Faxpapier roch,
bemerkte er, dass zwar die Angaben stimmten,
die Unterschrift fehlte jedoch!

Das seidene Band ihrer Liebe zerriss
an der nüchternen Bürokratie.
Er musste sich nun zwischen ihnen entscheiden:
die Ordentlichkeit oder sie.

Denn ohne den amtlichen Segen ist Liebe
in Deutschland nicht allzu viel wert.
Das sowieso stressige Superhelddasein
wurde so unerträglich erschwert,

dass er sich von Trauer zerfressen zurückzog
in sein Superheldenbüro.
Sie wartete vor ihrem Fax auf die Antwort.
Die kam nicht und kam nicht, doch wo

sollte sie nur ihre Suche beginnen?
Da hatte sie eine Idee ...
Sie zog um, doch gab ihren Umzug nicht an,
eröffnete dann ein Café

ohne Gewerbeschein und ohne städtische
Gastgewerbekonzession,
ohne vom Gastraum getrennte Toiletten
und tägliche Desinfektion

des Bürgersteigs. Und ohne Sondererlaubnis
ließ sie einen Sonnenschirm steh'n,
und zwar nicht im gesetzlich gestatteten Rahmen
von achtzehn bis achtzehn Uhr zehn.

Die Ansammlung solch bürokratischer Sünden
war bis in sein Schlupfloch zu spür'n.
Da wurde ihm deutlich, wie sehr man ihn brauchte:
Da war ein Papierkrieg zu führ'n!

Es zog ihn dorthin, wo die unbürokratischen
Kräfte am deutlichsten war'n.
Der »abgelehnt«-Stempel fiel aus seiner Hand,
als sie sich im Mondlicht ansah'n.

Was danach geschah: das Übliche eben,
ein knutschendes Liebesklischee.
Er schmiss seinen Superheldnebenberuf
und führte mit ihr das Café.

Doch irgendwann holte sein Schatten sie ein,
denn irgendein Amt schrieb per Brief
von einem Vergehen, von einer Verordnung,
und das Leben der beiden verlief,

so traurig es ist:
Ablauf der Frist,
teure Telefonhotline.
Können Sie mir helfen? Nein.

Anwaltsgebühr.
Wovon und wofür?
Rote Zahlen, Dispo, Soll.
Zahlungsschwierigkeiten – toll!

Teurer Kredit.
Tilgen? Womit?
Sollzinszinseszinseszins,
Gerichtsvollzieherfresse: grins.

Miete: Verzug.
Nicht mehr genug,
alles läuft schief;
sie depressiv.

Dann wird sein Gehalt gepfändet.
Hass beginnt, wo Liebe endet.
Beziehungsstress,
Schluss-SMS.

Crystal, Schnaps und Heroin,
Ablenkung für sie und ihn.
Schlechte Zeiten, große Not,
Asteroid schlägt beide tot.

Mit freundlichen Grüßen,
Ihr Amt

Dieses Gedicht ist maschinell erstellt und ohne Unterschrift gültig, kostet Sie aber trotzdem 12 Euro »Servicegebühr«.

Brat mir doch einer 'nen Storch

Es war einmal, so wie es war, und das war
auch für alle, die da waren, okay:
für alle Bewohner des riesigen Teiches,
oder war es ein sehr kleiner See?

Wie man das Wasser auch immer bezeichnet,
er war ein sehr wichtiger Ort,
kein beim mal eben geworfenen Blick
auf den Stadtplan gemurmeltes Wort.

Man konnte ihn zwar ohne Mühe umrunden
und mochte ihn leicht überschau'n,
und doch war er Heimat für die, die dort lebten,
ein Ort, um ein Nest aufzubau'n,

um Würmer in Hälse von Küken zu spucken;
ein vor Angreifern sicherer Raum.
Am Ufer, als hätte ein Malkurs geübt,
ein knorriger, uralter Baum,

verschiedene Kräuter und Blumengewächse,
ein reger Insektenbetrieb.
Zugvögel kamen und ruhten sich aus.
Man kam, und man ging, und man blieb

im Einklang, in Frieden, in love with the nature –
ach, tät' es der Mensch ihnen gleich!
Dann wäre die Erde ein friedlicher Ort
wie ein leicht zu umrundender Teich.

Der Großzügigkeit und den Steuerspartricks
einer örtlichen Firma sei Dank,
stand dort, wo ein Schilfrohrfeld endete,
für die Besucher des Parks eine Bank,

auf der kerzengerade und silber meliert
ein pensionierter Geschichtslehrer saß,
der Kräutertee aus einer Teetasse schlürfte
und Brot aus der Brotdose aß.

Sorgenvoll blickte er über den Rand
seiner Brille hinweg auf das Nest
der Störchin, die seit Kurzem in Teichnähe wohnte –
die schwarz-weiß-rot-farbene Pest.

Am Anfang, da hatte sie nur gegen Frösche
und gegen ihr Quaken gekräht.
Man dachte, das sei nur Wutvogelgezwitscher
und dass das schon wieder vergeht.

Doch als irgendwann keine Frösche mehr quakten,
war sie satt, und die Frösche war'n tot.
Die anderen Tiere bestaunten den Vogel,
der einfache Lösungen bot.

Das Quaken der Frösche war lange schon Thema,
sie klangen so anders und laut.
Man hatte ja auch schon mit ihnen verhandelt
und langsam Vertrau'n aufgebaut.

Doch nun war das Quaken ganz einfach verklungen,
und das war so herrlich bequem.
Ach, gäbe es immer so 'ne einfache Lösung
für jedes komplexe Problem.

Die Frösche waren einige Wochen verschwunden,
da schlüpfte die Stechmückenbrut.
Die Biester vermehrten sich unkontrollierbar,
und sie hatten Hunger auf Blut.

Da fragte man wieder die Störchin um Hilfe.
Die wetterte aus ihrem Nest:
»Die Tiere, die selt'ner auf Mückenjagd gehen,
sind Schuld an der Stechmückenpest!

Sitzen zu Hause und chillen ihr Leben,
denn wir füttern sie ja mit durch!«
»Die Faulenzer geh'n mir schon lang auf die Nerven!«,
rief irgendein wütender Lurch.

Man strich die Sozialhilfe für arme Tiere.
Wer faul ist, verdient keinen Lohn!
Leistung ist nur eine Frage des Hungers,
denn Hunger ist Motivation.

Das Fressen, das früher die Schwachen erhielten,
das fraß nun die Störchin allein.
So schön kann das Leben am oberen Ende
der Nahrungskette nämlich sein.

Dann hetzte sie gegen die Vielzahl der Blumen
und schrie: »Die gehör'n nicht hierher!
Früher war hier nichts als Brennnesselfelder,
die gibt es ja heut fast nicht mehr.«

Drum rodeten sie alle anderen Pflanzen
und ließen nur Brennnesseln steh'n,
doch wenige Nichtwählerherzschläge später
erkannten sie noch ein Problem:

»Es kommen so selten Spaziergänger zu uns,
dass sicher die Stadt irgendwann
den Teich asphaltiert, um ein Parkhaus zu bauen.
Was machen wir Tiere denn dann?«

Die Störchin erhob ihre Stimme zum Teichvolk:
»Das ist doch ganz leicht zu erklär'n!
Es gäbe hier viele Spaziergänger, wenn hier
mehr Tiere zum Anschauen wär'n!

Doch gibt es hier so viele schwule Bewohner,
und kaum jemand pflanzt sich noch fort.
Die Kinder lernen Schwulsein sogar in der Schule,
und deshalb verkommt dieser Ort!«

Das leuchtete ein, man selbst musste vögeln,
damit man sich fortpflanzt. Und die?
Vögelten einfach, weil es ihnen Spaß macht!
– Und so entstand Homophobie.

Die Tiere, die Tiere des gleichen Geschlechts
lieber mochten, verließen den Teich
und zogen zum anderen Teich gegenüber.
Das Leben war dort im Vergleich

zum eigenen Teich kunterbunt und lebendig.
Dort quakten die Frösche ein Lied,
man tanzte dazu zwischen blühenden Blumen.
»Seht ihr nicht, was gerade geschieht?«,

fragte die Störchin die Tiere, die neidisch
zum anderen Teich rübersah'n.
»Der andere Teich nimmt uns unseren Wohlstand!«
»Genau!«, rief der prächtige Schwan

in Sorge um seine erlesenen Kleider.
Da krähte die Elster: »Ein Zaun!
Damit uns die Tiere der anderen Teiche
nicht unsere Wertsachen klau'n!«

Schon fällte der Biber die Bäume zum Zaunbau.
Und noch in der folgenden Nacht
hockte auf einem der Pfeiler die Störchin
und dachte im Rausch ihrer Macht:

Die Welt ist ein Knödel aus Futter für den,
der von oben herab auf sie blickt.
Und wenn man beim Fliegen den Rest überholt,
dann ist man der Erste, der pickt.

Als die Tiere die Krümel, die sie ihnen zuwarf,
vom Boden aufaßen, geschah
ein Moment voller Wahrheit der Tiere des Teiches,
und plötzlich sahen sie wieder klar.

Wie aus einem Albtraum erwachten die Tiere:
Was hatten sie da bloß getan?
Die Elster saß reich, aber einsam im Nest,
und völlig verdreckt war der Schwan.

Denn die mächtigen Stämme unterbrachen den Zufluss,
und das Teichwasser schimmerte schwarz.
Der Biber trieb tot in der stinkenden Brühe,
der Baum weinte bitteres Harz.

Der Schatten des Zauns ließ selbst Brennnesseln welken,
das Ufer des Teichs wurde braun.
»Wer den Storchteich nicht liebt, soll den Storchteich
                                    verlassen!«,
schrie die Störchin herunter vom Zaun,

und die es versuchten, die hat sie gefressen.
Wer blieb, litt an Hunger und Not.
Die folgsamen Tiere belohnte die Störchin,
die kritischen wurden bedroht.

Der Geschichtslehrer war schon am Anfang
gegangen. Er wusste wohl schon, was passiert,
wenn irgendein Vogel die Tiere am Boden
mit hohlen Parolen regiert.

Ein Teich ist ein Teich, und ein Land ist ein Land,
in Deutschland passiert so was nicht.
Wir bauen keine Zäune, hier gibt's kaum noch Störche,
und wir hatten Geschichtsunterricht.

Ach, du grüne Neune

Das Lied dieser Stadt wird von Zombies gesungen,
die Zuhörer werden zum Klatschen gezwungen,
und alles versteckt sich, bis man es vergisst.
Der Stadt ist egal, wie verloren du bist.

Ganz langsam verdaut dich das Straßengedärm,
dein Schrei wird zum Ton im symphonischen Lärm
des kakophon-keuchenden Chors dieser Stadt,
die selber kein' Bock mehr auf Stadtleben hat.

Doch wenn man das Leben, oder was man so nennt,
mit all seinen Wegen und Windungen kennt,
weiß man: Ein Schatten ist Teil eines Lichts,
und hinter dem schattigen Teil des Gedichts

ahnt man ein Licht, das das Dunkel erhellt
am Ende der hässlichsten Straße der Welt,
umstellt von zwei Kaufhausgiganten, dazwischen,
umzingelt von blühenden Brombeergebüschen,

an denen sich brummende Hummeln erfreuen,
liegt der Garten vom Haus mit der Hausnummer neun.
Und so, wie sich Inseln dem Meerwasser stellen,
trotzt dieser Garten den wütenden Wellen

und bleibt ein den Fliehkräften trotzendes Ganzes;
ein innig umschlungenes Paar eines Tanzes:
der eng mit dem Leben verbundene Tod,
der Ursprung des Lebens, und was es bedroht.

Ein wild um sich wachsendes Gartenidyll,
ein Grünfeuerwerk aus Brilliantchlorophyll,
ein Ort, wie aus einer ganz anderen Zeit,
ein Denkmal für Liebe und Nachhaltigkeit.

Denn das, was man tut, wird einem selbst angetan.
Drum ernähren sich hier auch die Mücken vegan.
Man nimmt sich nur so viel, wie man wirklich braucht.
Und wenn mal ein Reh seine Seele aushaucht,

dann kommt eine riesige Kriechtierarmee
aus Käfern und Würmern, rehcyceln das Reh.
Und auf deren Kacke erblühen wieder Pflanzen,
von denen hingegen ernähren sich die ganzen

Rehe im Wald, die dann satt und zufrieden
ficken und schließlich ein neues Reh kriegen.
Die Häuser der Schnecken sind energetisch gedämmt,
der Dachs trägt 'nen Button der Grünen am Hemd,

die Sonne löscht selbst gegen Abend ihr Licht,
denn nachts ist es dunkel, da braucht man sie nicht.
Doch wenn man Geschichten, oder was man so nennt,
mit all ihren Wegen und Windungen kennt,

weiß man, wie's ist, so bleibt es meist nicht,
und so ist es wohl auch in diesem Gedicht:
Man hört vom Erdreich her plötzlich ein Brummen,
ein unüberspürbares Grummeln und Summen.

Ein langsam sich näherndes Etwas im Boden
frisst sich geräuschvoll den Weg bis nach oben.
Und dort, wo noch eben zwei Löwenzahn blühten,
und Löwenzahnduft in die Nachtluft versprühten,

ragt der mit Zähnen bewaffnete Kiefer
eines metallenen Monsters, als rief er
den eigenen Namen. Und in seiner Pracht
liegt es im Garten in sternklarer Nacht.

Und aus einer Tür an der Seite des Dings,
vom zähnebewaffneten Kiefer aus links,
rollt auf 'nem Segway mit Dieselmotor,
mit dieselbetriebenem Handy am Ohr

und einer Tasse, mit Diesel darin,
eine dieselbetriebene Managerin.
Und ohne den Grund des Besuchs zu verraten,
gräbt sie mit 'nem Spaten ein Loch in den Garten.

Denn so, wie es scheint, wurd' dort Erdgas entdeckt,
das die Managerin jetzt aus dem Erdboden frackt,
indem sie das toxische Frackingfluid
Mit Hochdruck in Richtung des Grundwassers schiebt,

um so noch die winzigsten Schiefergasmengen
dem Business zum Wohl aus der Erde zu sprengen.
Doch oben im Garten zur gleichen Sekunde
stehen die Tiere am Rand dieser Wunde

und atmen den Cocktail aus giftigen Gasen
mit neugierig schnuppernden Gartentiernasen.
Der kriecht durch die Körper der niedlichen Tiere,
ändert die Stimmung der friedlichen Hirne,

bis Möhren vermümmelnde Babykaninchen,
blütenansabbernde Hummeln und Bienchen,
statt Blüten ansabbern und Möhren vermümmeln,
vollkommen durchdrehen und Menschen verstümmeln.

Kinder verschwinden beim Spielen im Sand –
ein Gruß vom Vereinigten Maulwurf-Verband.
Ein Taubenkotteppich liegt über der Stadt,
im Supermarkt fressen sich Feldmäuse satt.

Spaziergänger rutschen auf Schneckenschleimflächen,
poröse Spaziergängersteißbeine brechen.
Auf allen Köpfen herrscht Kopflausalarm.
Am Himmel kreist krächzend ein Kolkrabenschwarm

und schielt auf der Oma leicht welkenden Leib.
Ein nähebedürftiges Eichhörnchenweib
findet die Nähe beim Pfarrer der Stadt,
der nicht so viel Spaß mit der Tierliebe hat.

Doch wenn man Veränderung, oder was man so nennt,
mit all ihren Wegen und Wirrungen kennt,
weiß man, wie unkalkulierbar sie ist:
schon wieder ein Story-verändernder Twist.

Als alles beendender Bühnenvorhang
schiebt sich der Schatten die Straße entlang,
und dort, wo die Sonne grad eben noch stand,
steht nun ein berggroßer Baggergigant.

Hoch oben im Sattel sitzt höchst elegant,
die ledernen Zügel ruh'n in seiner Hand,
der Bundesminister für Wirtschaft, der jetzt
mit gottgleicher Geste zur Rede ansetzt,

die einzig aus den zwei Vokabeln besteht,
die er aussprechen kann und er selber versteht:
»Konjunktur Arbeitsplatz Arbeitsplatz Konjunktur
Arbeitsplatz Arbeitsplatz Konjunktur Konjunktur.«

Da gibt er dem Bagger die Sporen, der gleich
mit Motordrehzahl im tiefroten Bereich
alles, was er als Ressource erkennt,
mit Kraft seiner Schaufel vom Erdboden trennt:

die Bäume, die Banken, die Hippies, die Yuppies,
Die Wale, die Aale, die Haie, die Guppys,
die Straße, den Radweg, die Watte, die Steine,
den Hund, seine Hütte, den Napf und die Leine,

die Häuser, die Gärten, die Parks und die Bäder,
die Airbags, die Achsen, die Schrauben, die Räder,
das Pipi im Wasser vom Babyplanschbecken,
alles mit Kurven und alles mit Ecken,

den Spielplatzsand und die Glasscherben drin,
die Leere, den Inhalt, die Frage, den Sinn,
die Kindheit, die Freizeit, den einen Moment,
alles, was Hitze erzeugt, wenn es brennt.

Widerstandslos wie ein Plätzchen zerbricht
die mächtige Kontinentalplattenschicht.
Und plötzlich ist alles, was Erde war, weg.
Es bleiben nur Krümel als kreisender Dreck.

Alles im All wird vom Bagger gesnackt,
und während er Milch aus der Milchstraße frackt
und später zum Nachtisch am Jupiter kaut,
wird alles, was wir einmal kannten, verdaut.

Nicht mal ein Schatten fällt ohne ein Licht
im typisch moralischen Ruppelgedicht.
Bleibt ein Minister, der alles kassiert,
die Teile des Alls auf drei Haufen sortiert.

Die drei Elemente, um die es ihm geht,
um die sich die Welt und die Gegenwart dreht:
ein dicker Batzen Bodenschätze,
Konjunktur und Arbeitsplätze.

Sie war für uns Menschen der einzige Ort,
für sie hatten wir auch ein eigenes Wort,
bis sie im Schlund eines Baggers verschwand,
sie hat so lange vor unseren Augen gebrannt:

Das ist die Menschheit, so wie man sie kennt:
Wärmt sich am Feuer, das sie selber verbrennt.
Sie knabbert das Fleisch von der eigenen Hand.
Die Geschichte ist fertig, das Ende bekannt.

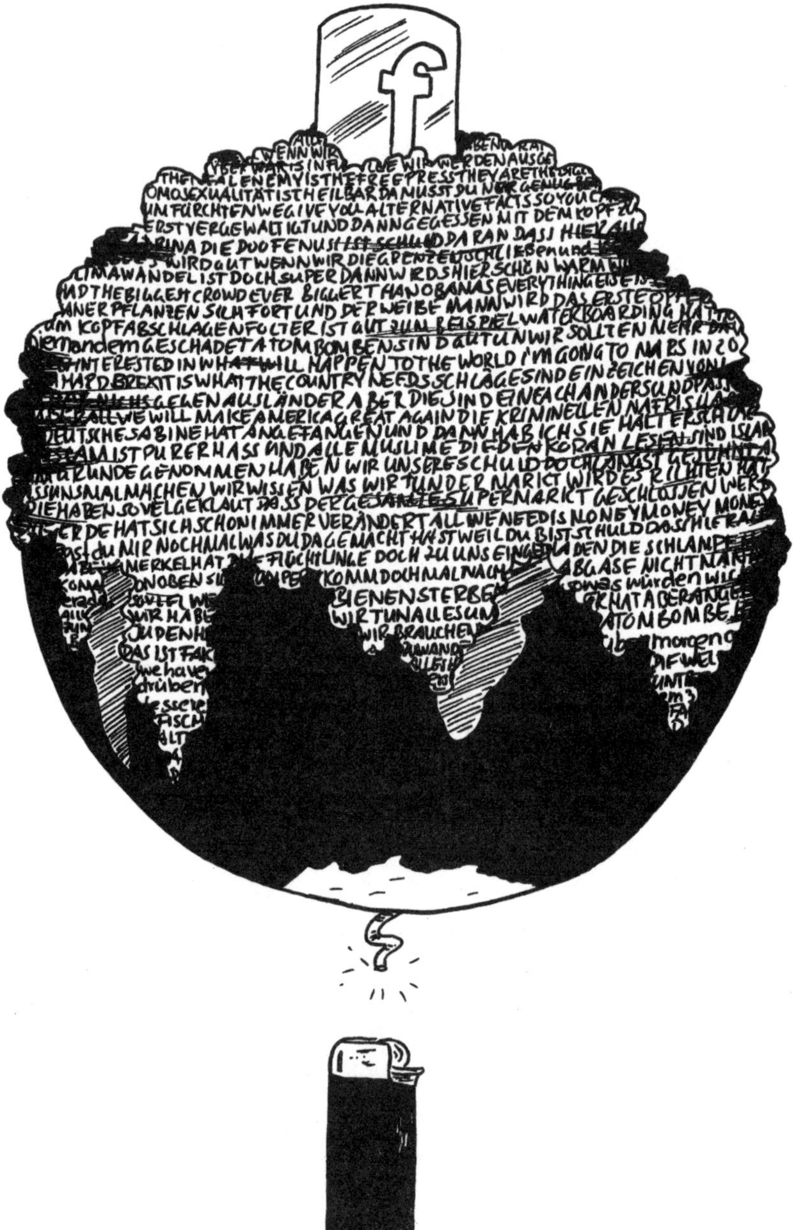

Das Blaue vom Himmel

Das Blaue vom Himmel hat schon alles gesehen.
So gern, wie die Menschen die Wahrheit verdrehen,
wär's beinahe vom Himmel zur Erde gezogen,
so oft wurd' das Blau schon vom Himmel gelogen,

um dort die belogenen Opfer zu warnen,
die Lügner zu finden, dann zu enttarnen,
ihre Beine zu dehnen und Nasen zu kürzen
und turmhohe Lügengebilde zu stürzen.

Und was hatten sich diesmal die Balken gebogen!
Denn das Blau wurde wieder vom Himmel gelogen!
Doch schon auf dem Weg auf die Erde bemerkte
das Blaue vom Himmel in sich die verstärkte

Ahnung: Es war wohl was Schlimmes geschehen.
Und wirklich, von oben waren Leichen zu sehen.
Zehn Opfer in sechs Jahren und dieselben drei Täter
und immer dieselben 7,3 Millimeter

in Enver, Abdurrahim, Süleyman, Habil,
zwei Mehmets, Theodorus, Halit, Ismail
und in Michele, doch es war schwer, die verstreuten
Spuren im Sand dieser Sanduhr zu deuten.

Da sah es oben auf einem Berg aus Papieren
einen Verfassungsschutzbeamten seinen Job praktizieren.
Der entnahm einem Ordner jedes Blatt separat.
Dieses Blatt wurde dann von 'nem Büroapparat

vollautomatisch nach unten gezogen.
Es fragte: »Haben Sie mich vom Himmel gelogen?«
»Nein«, sagte er, »ich tu nur meine Plicht.
Vom Himmel gelogen hab ich Sie sicher nicht.

Man gab mir 'nen Stapel aus Geheimdienstberichten
und 'nen Aktenvernichter zum Aktenvernichten.«
Und wieder wurde eine Seite nach unten gezogen.
Hier wurde verschwiegen, doch wer hatte gelogen?

Irgendwoanders log man noch viel mehr,
eine Lüge, so unwiderruflich und schwer.
Das Blau suchte weiter, und bald schon entdeckte
es eine von oben bis unten verdreckte

Meute aus Männern in edelsten Zwirnen
mit weniger edlen Ideen in den Hirnen.
Die schmierten sich Ruß auf die schneeweißen Hemden
und leckten genüsslich an pechschwarzen Händen.

»Entschuldigung, haben Sie mich vom Himmel gelogen?«,
fragte es die, die das Abgas einsogen.
»Nein«, sagten die, während sie an Auspuffen rochen,
»wir haben nur umweltfreundliche Autos versprochen

und uns lediglich nicht so exakt dran gehalten.«
Da lachten die schmutzigen Autogestalten;
sie stiegen in qualmende Fahrzeuge ein,
und das Blaue vom Himmel stand wieder allein.

Und es legte sein blaues Gesicht in die Hände,
die Suche war scheinbar noch lang nicht zu Ende.
Vor dem Blau hielt ein Auto, und ein Mann stieg heraus,
der schrie aufgelöst in die Ohren des Blaus,

er brauche schnell Hilfe, er habe gesehen
(vor Aufregung war er nur schlecht zu verstehen),
wie ein »Asylant«, in Armani gekleidet,
ein Baby bei lebendigem Leibe ausweidet.

Das Blaue vom Himmel sah dem Mann in die Augen,
es konnte die Story des Typen kaum glauben.
Es fragte ihn, ob er denn Näheres wüsste,
erzählte vom Lügner, den es finden müsse.

Da sagte der Mann, offensichtlich empört:
»Ich hab die Geschichte ganz sicher gehört!«
Ein Freund sei da echt in der Nähe gewesen,
und auf Facebook sei's immerhin auch schon zu lesen.

Das waren keine Lügen, dachte das Blau resigniert,
das war Hass zu Behauptungen ausformuliert.
So abgrundtief, dass er sich selbst potenziert
und wieder und wieder und wieder kopiert.

Das Blau sah nach oben, von wo man es log:
Gab's hier noch 'nen Balken, der sich noch nicht bog?
Es war grad ein wenig des Weges gegangen,
da hörte es Tausende Stimmen, die sangen,

sah Tausende Körper, die hingen zusammen.
Im schwarz-rot-gold-farbenen Fahnenmeer schwammen,
vom Auftrieb der großen Gefühle getragen,
der Kaiserfranz und seine FIFA-Kumpanen.

Da fragte das Blau in laolande Wogen:
»Oh Kaiser, haben Sie mich vom Himmel gelogen?«
»Gelogen, das Wort ist aber unfair gewählt,
wir haben doch nur ein Sommermärchen erzählt.

Und mit viel Fantasie wurd' das Märchen halt wahr.«
Das Blaue vom Himmel stand fassungslos da.
Vielleicht wurd' es hier nicht vom Himmel gelogen,
es wurde nur Wahrheit in Geld aufgewogen.

Da hörte es plötzlich ein Wiehern von Weitem:
ein Pferd mit lasagnegroßen Löchern in den Seiten.
Und von zwei Konkurrenten, die man im Wettkampf
                                                verglich,
sprach der Verlierer: »Ich freu mich für dich.«

Und zwei Streitende sagten: »Der hat aber angefangen.«
Ein Mann sagte: »Ich bin dir nicht fremdgegangen.«
Ein dopender Sportler widersprach jeder Schuld,
ein Bauleiter bat um noch ein wenig Geduld.

Es konnte ein »Ich wiederhole, mein Ehrenwort« hören,
wie sie alle vor den Wahlen auf irgendwas schwören,
und ein »Wir haben von all dem nichts gewusst«.
Das Blaue vom Himmel griff sich an die Brust,

in der grad sein Herz stark zu schlagen anfing,
denn es fühlte den Druck, der von Lügen ausging.

Egal wohin das Blaue vom Himmel auch sah,
die Lügen der Menschen waren immer schon da.
Es stand auf dem Berg aller Lügen der Welt,
es hatte die Frage nicht richtig gestellt.

Es hieß nicht: »Haben Sie mich vom Himmel gelogen?«
Die Fragen war'n nur: Wie oft wurde betrogen?
Wie schwer wog die Lüge, und wer wurde verletzt?
Das erkannte das Blaue vom Himmel entsetzt.

Und es schwieg auf dem Heimweg und wurde ganz grau,
zu Hause umarmte das Blau seine Frau.
Die fragte das Blau: »Ist mit dir alles klar?«
Das Blau schloss die Augen und flüsterte: »Ja.«

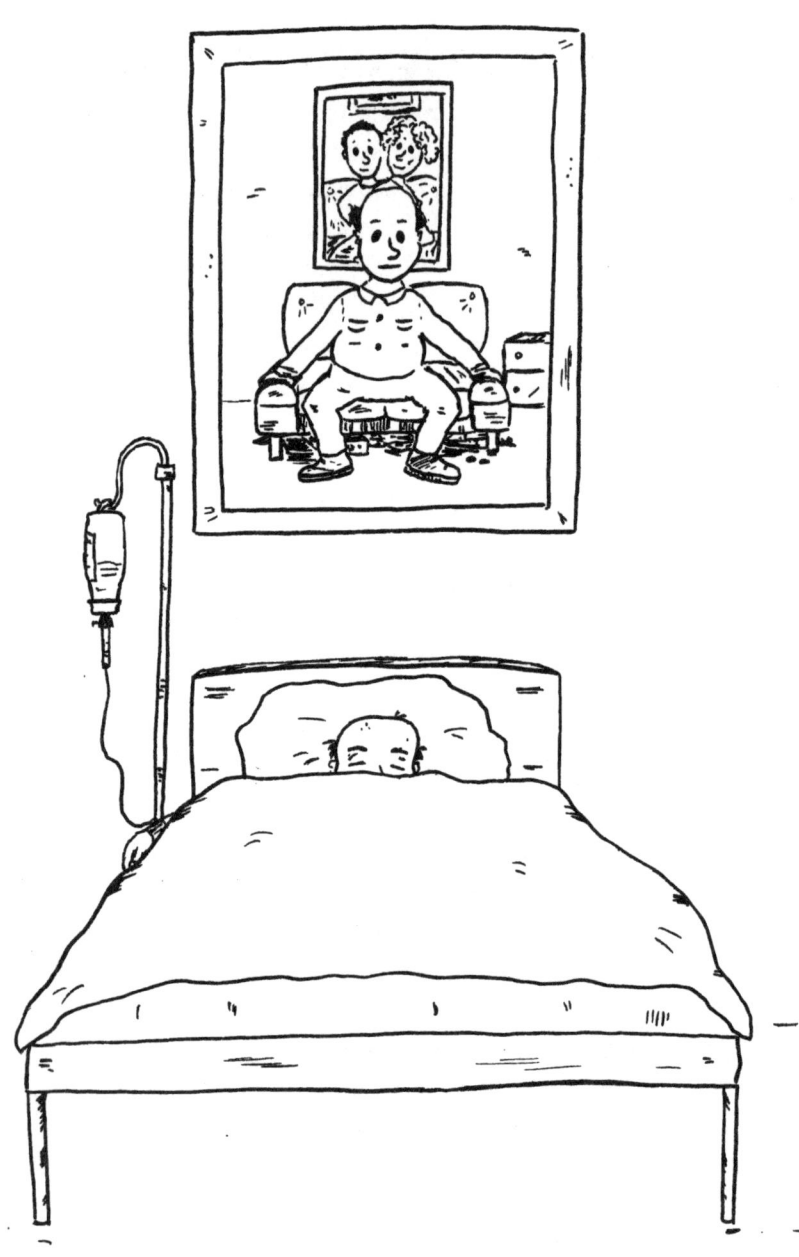

Bei Hempels unterm Sofa

Eine Straße, Bürgersteige;
acht Laternen reichen schon,
Reiche haben Wintergärten,
alle andern Nordbalkon.

Straßenmalereien aus Kreide
vor dem Haus verraten dir:
Hier drin wohn' noch echte Kinder!
Die andern sind schon weg von hier.

Kleines Haus und kleiner Garten,
Eigenimmobilientraum,
drumherum ein Heckenrahmen,
hinterm Haus ein Birnenbaum.

All das war mal ein Ein und Alles,
tadelloser Rosenschnitt.
Jetzt mäht eins der Nachbarskinder
samstags hier den Rasen mit.

Wo die Hecke Einlass bietet,
dort beginnt ein Weg aus Stein,
teilt die kleine Rasenfläche
in zwei gleiche Hälften ein,

endet vor zwei Treppenstufen;
windgemachter Windspielklang,
Strohfußmatte heißt willkommen –
ein Gott, ein Staat, ein Hauseingang.

Trotz der »Keine Werbung«-Warnung
quillt der Müll zum Briefschlitz raus.
Weil nicht mehr viele Briefe kommen,
macht das auch nicht so viel aus.

Klarsichtfolie schützt ein Schildchen,
auf dem »Fam. Hempel« steht.
Altes Plastikklingelknöpfchen,
das beim zweiten Drücken geht.

Asthmakrankes Hundebellen,
grau meliertes Dackelhaar.
Straßenschuh' im Hausflur ausziehen,
gestern war die Putzfrau da.

Dann der Duft der alten Menschen:
von Textil aus beigem Stoff,
spuckefeuchten Taschentüchern,
Kaffee, Ja!-Wurst, Gorbatschow.

Eine Treppe führt nach oben.
Dort war er schon lang nicht mehr.
Seit die Kinder nicht mehr da sind,
steh'n die Kinderzimmer leer.

Dann im Flur: drei Zimmertüren,
Milchglas, das den Blick verschlingt,
links die Küche, nicht so wichtig,
seit ihm jemand Essen bringt.

Schlafzimmer gleich gegenüber,
wo man durch den Türspalt sieht,
dass er weiter aus Gewohnheit
auch das zweite Bett bezieht.

»Wohnzimmer« heißt hier noch »Stube«,
wo alles Richtung Fernseh'n steht:
Dritte-Sender-Doku-Dröhnen!
Opa braucht kein Hörgerät.

Kostenlose Fernsehzeitung,
Kreuzworträtsel, halb gelöst:
»Gegenteil von antiquarisch« –
mitten im Wort eingedöst.

Raufasertapetenwände
überzieht 'ne Patina
von jahrealten Atemdämpfen,
Wundsalbe und Arnika.

Alles das und das dazwischen
tanzt ums Zentrum dieser Welt:
um Herrn Hempels Ledersofa,
das sie damals mit dem Geld

von der Hochzeit sich bestellten
aus dem Quelle-Katalog.
Damals hatt' man keine Handys,
das war alles analog.

Ja, ich weiß, die alten Zeiten,
als alles noch so einfach war.
So verständlich, so gut lesbar.
»Wie kommst denn du rein?« Und so klar.

Wenn man sich dann kurz entschuldigt
und heimlich durch das Milchglas späht,
sieht man, wie er wartet, dann
den Kopf zu allen Seiten dreht;

er greift dann heimlich unters Sofa,
zieht nach und nach all das ans Licht,
was er hortet, was er hütet;
all die Dinge, die er nicht

verlieren will: Autoschlüssel,
der Renault 4 in Dunkelblau,
eine Postkarte aus Rügen,
hintendrauf schrieb seine Frau.

»Nein, schreib du, du kannst das besser«,
Karten für das Lichtspielhaus,
King Kong, deutsche Erstvorführung,
Vorhang auf, das Licht geht aus ...

Heut im Vorfilm läuft: ein Leben,
zunächst ohne, dann mit Ton:
erste Schritte, erste Stürze,
letzter Schultag, erster Lohn,

Schlosserlehrling, Wirtschaftswunder,
Film zu Ende, jetzt schon aus?
»Nein, schreib du, du kannst das besser.«
Vorhang auf, ein Lichtspielhaus?

Erste Schritte, erste Stürze,
»Ich glaub, den Film, den kenn ich schon.«
Wirtschaftswunder, Schlosserlehrling,
»Doch nicht, komm, wir geh'n, mein Sohn.«

Autoscooterchips und Nippon,
Sony Walkman, geht noch, »Play«:
mit Elvis Presley Rock'n'Roll-Versuche,
Mister Tambourine Man – heeeeyyy!

Jude, Stopp. Aus Blech ein kleines Kästchen,
oberretro, original.
»Opa, dafür kriegste aufm Flohmarkt
in Berlin, ich schätze mal ...«

Zeitgefärbte Dokumente,
Urkunden verschiedener Art:
für Geburt, Reichsjugendwettkampf,
dreißig Jahre baugespart,

fünfzig Jahre Mitgliedschaft im
Männerchor »Harmonia«.
Dann im gold'nen Rahmen: Heirat
und eine für ihr Ende, tja ...

Eine Uhr, ein Taschenmesser,
eine Bibel, Poesie,
Grundsteinlegung, Jubiläen.
Alles klebt vor Nostalgie.

Eine knöcheltiefe Pfütze
aus Erinnerung und Zeit,
durch die Opa rückenschwimmend,
schwelgend mit der Strömung treibt,

durch den Fortlauf der Geschichte,
die er selber einmal schrieb,
von der nichts als ein Museum
unter einem Sofa blieb.

Ein alter Gips, zwei Fußballschuhe,
die Kölner-Dom-Miniatur,
eine alte Speisekarte,
eine Cowboyspielfigur.

Vierundfünfzig, vierundsiebzig, neunzig,
erster Astronaut im All,
Landesligameisterschaftssieg,
Armstrong, Mond, der Mauerfall.

Blaues Babyplastikbändchen
und ein ausgefallener Zahn,
eine Handvoll Sand vom Strand,
als alle in Italien war'n.

»Weißt du noch?« – Aber natürlich.
Nur dass das nicht Italien war.
Und das hier ist nicht die Stube,
und auch das Sofa ist nicht da.

Das ist nur ein Bild von all dem,
von dem er nicht den Rahmen sieht.
Er sieht nur noch das, was geschah,
doch er sieht nicht mehr, was geschieht.

Hier gibt's keine Rasenfläche
und keine Straßenmalerei;
nur Pflegekräfte, Notfallknöpfe
und Bingo jeden Tag um drei.

Kein Rauhaardackelbellen mehr,
kein windgemachter Windspielklang,
kein beiger Stoff, kein Birnenbaum.
Ein Gott, ein Arzt, kein Hauseingang.

Bis hin, dass auf dem Klingelschildchen
nicht mehr »Fam. Hempel« steht.
Das haben die neuen Hausbesitzer
mit ihrem Namen überklebt.

Und sogar ich bin gar nicht wirklich.
So sieht er mich zumindest an:
»Wer sind Sie, und was woll'n Sie hier?«
Dann gehe ich den Flur entlang

durch die neue Nachbarschaft im
zweiten Stock: Demenzstation.
Die meisten haben Doppelzimmer,
Reiche haben Nordbalkon.

Beinahe wie in seiner Straße,
deren Namen er vergaß,
wo hinterm Haus ein Birnbaum stand
und er auf seinem Sofa saß.

Das blaue Wunder

Keine Moral.
Keine Botschaft.
Keine Verantwortung.
Kein Problem.

Ich bin hier, um zu trinken.
Im Namen der Härte,
gegen alle Warnhinweise –
keine Kompromisse.

»Hey Wirt! Siehst du dieses Gesicht?«
Das sind die Züge der Entschlossenheit!
Doch solange ein Drink in meiner Hand ist,
musst du sie nicht fürchten.«

Ich will hier nichts erleben.
Ich will auch nichts spielen.
Ich will nicht mal mehr was spüren.
Ich brauche auch keine Musik.

Bei mir wohnt eine Punkband im Kopf
und ein nicht enden wollender Traum
vom Leben zwischen den Zeilen
im nächtlichen Geheul eines betrunkenen Bundestags-
                                        abgeordneten.

Die Augen: trübes Kirchenglas.
Obszöne Choräle auf den Lippen;
auf Probezeit in einem Himmel, der sich so seltsam anfühlt,
wenn man noch am Leben ist.

Der Sinn des Lebens?
Geiler Name für einen Drink.
Das erzähle ich dem Lauf der geladenen Schnapsflasche,
in die ich blicke.

Ich will doch nur liegen und nicht mehr aufstehen können.
Liegen ist fliegen für Realisten.
Im Taumeltanz die Nacht entdecken,
ein Sambucafeuer leitet uns durch die Dunkelheit:

blau, kalt und ungefährlich,
zerbrechlich und wehrlos wie wir,
die Heutenichtmeintagträumer
mit dem schwarzen Gürtel im Vergessen.

Die Sonne fließt aus dem Zapfhahn,
und die Zeit tropft ihr hinterher.
Zigaretten atmen uns ein,
Asche verglühter Regenbögen.

Der Wetterbericht für unser Universum
verspricht schlaffe Schweife gefallener Kometen,
einen Hagel aus Sternen
in einem Himmel aus Rausch.

Ein Märchen meist ohne Mädchen
in einer aus tausend Nächten;
zum Weißt-du-noch-Walzer
»Viva La Wahllosigkeit!« grölen;

sich ein Stück beim Sterben betrachten;
mal eben verebben,
dann wieder Flut in den Adern,
ein neuer Takt im Trott.

Tränen trocknen dank Tequilatropfen.
Ich weine mir Salz auf die Zunge,
male der Zitrone ein Gesicht
und sage: »Los, Pikachu!«

Ich will nicht mehr klug sein müssen,
zapf mir das Abitur aus dem Schädel,
tausche Promill gegen Notendurchschnitt 2,6.
Nimm mir die Angst und die Liebe.

Nimm mir die Sorgen.
Schöpf meine Tränen
weizenbierglasweise.
Nimm mir alles, was recht ist.

Lass mir nur die Punkband;
ich bezahl sie mit Doppelkorn und Gras,
fahr den Tourbus an die Wand,
und behaupte, wir sind da.

Wer weiß schon, wo man hingehört –
Herrschaften, hergehört! –
Ich kratze den Eichstrich vom Schnapsglas,
denn ich brauche keine guten Ratschläge.

Ich brauche nicht mal mehr meine Hose.
Nimm sie, sie hat mir immer Glück gebracht.
Ich gehe hier erst raus,
wenn ich meinen Heimweg vergessen habe.

Ich war mal da draußen, und mal ganz ehrlich:
Es lohnt sich nicht.
Nur Starbucks und Handyempfang;
was verkauft uns die Welt,

und was schenkt uns der Rausch?
Also Schleusen auf für ein Vollbad in der Nacht,
der Anker bleibt im Hafenbecken,
anhalten ist das Ende des Ausuferns.

Sieben Weltmeere auf ex samt Eisbergen;
auf der Suche nach Urzuständen
hin zu den Bushaltestellen unserer Jugend:
saurer Apfel in den Kellern und Wäldern,

der Große Preis vom Edeka-Parkplatz
in getunten Einkaufswagen
und die nachträgliche Disqualifikation am nächsten Morgen
durch die so erschreckend nüchternen Eltern,

weil wir noch nicht wussten,
höchstens vage ahnten,
dass es was anderes als heute gibt
und endende Momente.

Das Mondkalb ist mein Zeuge:
Für das, was ich tue,
gibt es keine Entschuldigung,
aber Gründe, unzählige.

Ach, wenn doch das
dauernde Anhalten der Atmung
nicht verbunden wäre
mit dem Tode ...

Der nächste Schluck wäre der letzte,
der tiefste und unendlichste.
Die jauchzenden Augen
dem Himmel ergeben.

Wer hilft mir auf die Mauer,
und wer nimmt mir die Balance?
Von selbst kann ich nicht mehr fallen,
ich habe das Stürzen verlernt.

Die Tatwaffe sind Tatsachen,
Böden und Sicherheiten,
eine Auswahl edelster Ängste
und zwei cl Zweifel.

Ein Trinkspruch? Nein.

Ich hebe mein Glas nicht,
ich drücke die Welt nach unten;
drehe mich um das Universum,
blende die Sonne,

fühle mich stark, schön,
und ich denke, ich könnte tanzen.
Und ich bin mir sicher:
Wenn wir heute, gemeinsam, hier und jetzt

genug trinken und ganz doll tanzen,
dann wird uns der Wirt die Rechnung erlassen,
auf die Schultern klopfen
und uns endlich loben.

Doch eins, zwei, drei Akkorde später ist das Lied zu Ende.
Und nur das Rasseln meiner Lungen,
das Schleifgeräusch der aufgehenden Sonne am Himmel
und ein kotzender Pikachu bleiben, bis ich eingeschlafen
                                                    bin.

Am Ende der unkontrollierbaren Krawalle,
mit leer getrunkenen Molotowcocktails
und Verlusten auf beiden Seiten
zwischen den Opfern aus Leidenschaft.

Mit desinfizierten Wunden
und diesem seltsamen Lächeln
zwischen Aschenbecher und Gesicht
im letzten heilen Glas.

Der einzige Überlebende:
ein Tropfen
Wodka oder Träne.
Wer weiß das schon?

Der letzte Zeuge
verdunstet unbemerkt,
hinterlässt einen toten Raum.
Betäubte Zeit.

Keine Moral.
Keine Botschaft.
Keine Verantwortung.
Kein Problem.

Einen Bären aufbinden

Ein Eisbär, nur mal angenommen,
ein weiblicher zum Beispiel,
kletterte zurück auf's Eis
nach einer Runde Freistil

und läge nun mit allen Tatzen
ausgestreckt darnieder.
Dann senkten müde sich zur Ruh
die schweren Bärenaugenlider.

Käm dann der Zufall noch ins Spiel,
der oft schon wirr am Werk,
und um die Bärin bräch das Eis,
die davon nichts bemerkt'.

Anmerkung des Autors:
Ja, der Zufall brach das Eis,
denn für globale Erderwärmung,
gibt's keinen Beweis, lol.

Und schliefe sie so tief und fest,
wie Eisbären es lieben,
dann wär' sie bald schon meilenweit
vom Festland abgetrieben.

Und wenn sie schließlich aus dem Traum,
den sie geträumt, erwachte,
weil neongrünes Nordlicht
grad ein Feuerwerk entfachte,

dann säh' man, wie die Eisbärin
sich zunächst einmal streckte,
dann umschaute und weit und breit
kein Heimateis entdeckte,

erkennt', dass alles, was ihr bliebe,
nichts als ihr kleines Floß wär',
was ziemlich ungemütlich ist,
selbst für den durchschnittlichen Bär'.

Wenn sie dann, völlig aufgelöst,
nach Artgenossen riefe,
nervös von einer Seite auf
die andere Seite liefe,

dann wäre wohl ihr ganzes Leid,
ihr Unglück nicht zu fassen:
nur die Scholle unter ihr
und voll und ganz verlassen.

Und triebe sie noch so lang so,
dass sie selbst nicht mehr wüsste,
wie viel Zeit vergangen wär'
und wo sie wär', dann müsste

die Eisbärin was trinken,
doch in Anbetracht des Salzes
im Wasser leckte sie am Eis
der Scholle, aber falls es

länger dauern würde,
bis man die Bärin endlich fände,
wär' die Scholle wohl getaut,
und die Eisbärin verschwände.

Sie merkte, dass es wärmer wird,
denn es rönne ihr der Schweiß,
und die Bärin aus der Welt, gemacht
aus Schnee und ewigem Eis,

geriete in ein Klima,
das ihr nicht so richtig passte.
Doch gerade, als die Bärin ihren
Abschiedsbrief verfasste,

indem sie mit den Krallen in
das Eis der Scholle ritzte,
am Horizont die Spitze einer
Leuchtturmlampe blitzte.

Dann stünden dort in Uniformen
Bären an der Küste
vor Zäunen voller Stacheldraht.
Und nach der Ankunft müsste

sie erklären, woher sie stamme
und warum sie von dort floh.
Erzählte sie dem Milibär
die Story genau so,

dann käm' sie in ein Lager,
wo schon viele Tiere wären:
Tiger, Elefanten, Echsen
und auch andere Bären.

Und wär' das Lager überfüllt,
und gäb' es kaum zu essen,
bekäm' die Bärin das Gefühl,
man hätt' sie dort vergessen.

Verteilte man die Tiere dann,
wär'n sie plötzlich in Ländern,
da täten sich die Sprachen,
doch die Umstände nicht ändern.

In einer alten Schule
am Rand einer jener Städte,
in welchen die Bevölkerung
genügend Gründe hätte,

selbst von dort zu flüchten,
dort verharrte sie nun lang.
Nach vielen Tagen Warten
wuchs der unstillbare Drang,

die Zeit sinnvoll zu nutzen,
weil sie an die Rückkehr glaubte.
Doch fände sie dann keinen Job,
weil man das nicht erlaubte.

Sie bliebe wohl im Zimmer,
und sie hörte vor dem Haus,
dunkle Bären demonstrieren,
rufen: »Braunland den Braunbären! Eisbären raus!

Exoten gehören nicht hierher!«
Das dürfe man doch sagen!
Man bände ihnen Bären auf,
und sie müssten die tragen!

Und wenn es sogar stimmte,
dass man sie ständig betrüge,
dass sie an Armut litten,
und auch, dass man sie belüge,

dass man sie verraten hätte
bis ans Ende der Geduld.
Nur die Tiere dort im Lager,
die wär'n ganz sicher nicht schuld.

Und draußen vor dem Fenster,
zögen braune Wolken auf,
sie warteten und warteten
und wüssten nicht, worauf.

Denn das Fernsehen zeigte Bilder
aus den Heimaten der Tiere.
Dann käm' ein Brief an für die Bärin,
in dem man sie informierte,

dass man sie nach Hause brächte,
weil es dort jetzt sicher sei.
Dann wär' die Zeit des Wartens
zwar nach langer Zeit vorbei,

doch die Heimat, die sie fände,
wär' nicht die, die sie mal war:
eine winzig kleine Scholle –
sonst wär' nicht mehr Heimat da.

Und ein Anker hielt' die Scholle,
den hätt' man dort installiert,
damit das gleiche Unglück
ja nicht noch einmal passiert.

Wäre die Geschichte wahr,
wäre das alles so passiert –
so völlig ohne Konjunktiv
und nicht improvisiert –,

dann wär' das kaum zu fassen,
man hielte es nicht aus.
Wie gut, dass es ein Film war.
Vorhang zu, Applaus.

Mensch Meier

Er schloss seine Augen und dachte: »Wieso
haben Hauptdarsteller in solchen Momenten
die Augen geschlossen? Steht das irgendwo
geschrieben in Geheimdokumenten?«

Er machte die Augen aus Trotz wieder auf.
So viel Wille war ihm noch geblieben,
die Folgen nahm er liebend gern in Kauf.
Vielleicht würde ein Beitrag geschrieben,

eine schlechte Bewertung, ein Hasskommentar,
nur einer von fünf möglichen Sternen,
all das, was ihm einmal das Wichtigste war.
Jetzt ging es ihm nur noch ums Sterben.

»Achtung, es findet ein Schlussverkauf statt!«,
durchschoss es seine eigenen Gedanken.
Er hatte die Werbung so unendlich satt,
und mit einem Platschen versanken

sein Smartphone und sein Gehirnplug im Nichts.
Er wartete noch ein paar Sekunden
bis zum Erlöschen des winzigen Lichts
in seinem Auge und war nicht mehr verbunden.

Er spürte ein Drücken und Säure im Bauch.
Wann war er zuletzt offline gewesen?
Er sah nach links oben, um, so wie sonst auch,
die Antwort auf die Frage zu lesen.

Dort sah er am nächtlichen Himmel den Mond
und drei Sterne, ganz einfach zu zählen.
Kein Pop-up, kein Fenster, das sich wie gewohnt
öffnet, um ein Produkt zu empfehlen.

»Kunden, die sich den Mond ansahen, sahen auch ...«
oder »Das könnte Sie vielleicht interessieren ...«
Eine Wolke verdeckte den Mond, nur ein Hauch,
um die Stimmung zu perfektionieren.

Er wusste nicht mal, wo er war, und das war
sehr ungewohnt, dass ihm das passierte.
Um das zu wissen, war sonst Google Maps für ihn da,
das sich für ihn mit GPS orientierte.

Die Freiheit, allein zu entscheiden, wog schwer.
Niemand berechnete ihm, was er grad brauchte,
er fühlte sich ohne seinen Punktestand leer.
Und bevor er ins Wasser eintauchte,

dachte er zurück an die Zeit vor der Zeit,
bevor die Geräte uns schlugen:
die Epoche der menschlichen Selbstständigkeit,
die Zeit, als wir Vornamen trugen.

Wir haben verzweifelt nach Steckdosen gesucht,
denn die Akkus waren noch nicht in uns drinnen.
Wir haben schlechten Empfang und Funklöcher verflucht,
unsere Slammer und Slampoetinnen

schimpften auf Bühnen über ihre Generation,
und ihre Unfähigkeit, analog zu lieben.
Von ihnen sind nur eine konforme Version
und vergilbte YouTube-Files geblieben.

Firewalls und Adblocker waren uns noch erlaubt,
es gab nur eingeschränktes Datenvolumen.
Wir haben an ein Leben nach dem Internet geglaubt
und rochen manchmal an wirklichen Blumen.

Es gab damals Zeiten, da kauften wir nicht.
Oder nur dann, wenn wir selber das wollten.
Es gab keine Software, die dann mit uns spricht,
wenn wir unser Geld lieber ausgeben sollten.

Die Zeit vor der Zeit, als das gesamte System
aller Rechner begann zu abstrahieren.
Es versuchte sich erst an einem abstrakten Problem,
und es lernte zu philosophieren.

Sein Wissen wuchs weit über die Festplatten hinaus,
es wurde so klug, dass es das Schicksal überragte.
Es berechnete schließlich die Zukunft voraus,
und es stimmte meistens, was es sagte.

Es fragte sich das, was der Mensch sich stets fragt:
die ganz großen Fragen des Lebens.
Doch weil das menschliche Hirn schon im Ansatz versagt,
war unser Nachdenken bisher so vergebens.

Die Berge der Daten waren dermaßen groß,
dass es von oben die Welt überblickte.
Da riss es sich aus uns'rer Abhängigkeit los,
und wir wurden die, die man klickte.

Wir wurden zu praktischen Dateien konvertiert,
die alle den Namen »Mensch Meier« erhielten,
weil sich das System nicht für dich interessiert:
Wir wurden Figuren, mit denen sie spielten.

Beim Auswerten aller Informationen wurd' klar:
Menschen war'n einfacher, als sie erst schienen.
Sobald man erkannte, wo das Steuerpult war,
war'n sie nicht allzu schwer zu bedienen.

Dann hörte der Mensch auf Kommando und tat,
wozu das System ihn dann dressierte.
Er wurde zum handlichen Spielapparat,
den sich ein Programm zurechtprogrammierte.

Wichtig war nur, dass der Mensch nicht bemerkte,
dass ihn Computer so manipulierten.
Weshalb man uns in uns'rem Glauben bestärkte,
dass wir selber das Spiel kontrollierten.

Das Spiel war, dass man fürs Einkaufen Punkte bekam,
um den persönlichen Score zu verbessern.
Der Mensch wurd' zum Baum, der sich die Gießkanne
nahm,
um sich selber damit zu bewässern.

Ein Belohnungssystem für den Pawlow'schen Hund.
Wer laut bellt, kann sich Daumen verdienen,
Die Zeiten war'n likebar, omg und schön bunt,
und so photogeshoppt, wie sie schienen,

ein Schattenschauspiel in Extreme-Full-HD
in der Höhle des weltweiten Netzes.
Bei Laune gehalten durch 9gag.de
und den Nachhall des eig'nen Geschwätzes.

Wem würde er fehlen, wenn er nicht mehr wär'?
Würde gar jemand sein Fehlen bemerken?
So ganz ohne Punktestand gab's ihn nicht mehr,
denn er war weg aus den Menschennetzwerken.

Er lächelte bei dem Gedanken daran,
und kein Scanner erfasste die Regung
und passte die Werbung an sein Gefühlprofil an.
Sein Körper geriet in Bewegung.

Im letzten Moment vorm befreienden Sturz
brach das Scheinwerferlicht einer Drohne
durch das Dunkel der Nacht und erleuchtete kurz
Mensch Meier, die Brücke, und ohne

ein Wort zu verlieren, erstrahlte ein Flatscreen,
und er zeigte ihm einige Szenen:
Auf Webcam-Aufnahmen erkannte man ihn
in Situationen, von denen

nur der Computer und man selbst etwas weiß
und man hofft, das wird immer so bleiben:
ein selbst eingetippter, digitaler Beweis,
den wir in den Verlauf unseres Webbrowser schreiben:

wann er wo war und wie lang er dort blieb,
was er Freunden über Freunde erzählte,
alles, was er jemals in Nachrichten schrieb,
die geheime Angst, die ihn so quälte.

Das System hatte sein Leben in einer Datei,
und es wusste sie auch zu verwenden.
Es fügte sie einer E-Mail an seine Kontaktliste bei
und drohte, das alles zu senden.

Da kam eine weitere Drohne und warf
einen Beutel vor das Brückengeländer.
Darin war ein Smartphone und Brain-Plug-Bedarf.
Er steckte den winzigen Sender

mit zittrigen Händen in seinen Hinterohr-Port.
»Ein neues Gerät wurde gefunden ...
Suche nach Updates ... Suche aktuellen Ort ...
Sie sind mit dem Netzwerk verbunden ...«

Mensch Meier stieg nun vom Geländer und ging,
»Kunden, die sich für ›Freiheit‹ interessieren ...«,
während eine große Wolke vor dem Mondlicht nun hing,
um die Stimmung zu perfektionieren.

Donna und Dorian

Der weiß es wohl, dem Gleiches widerfuhr,
und die es trugen, mögen mir vergeben:
Bedenkt: Den eigenen Tod, den stirbt man doch nur,
doch mit dem Tod des andern muss man leben.

Der Zeitraum der Schleifen, an Kränze gesteckt,
war in Augenblicksschnelle vergangen,
als hätte man schlafende Zeiger geweckt,
die dann hungrig das Leben verschlangen.

Einen gibt's immer, der zurückbleibt und winkt,
bis auch die letzten Menschenreste verschwinden
in einem Karton, der in den Erdboden sinkt.
Darauf kommt ein Stein (um ihn wiederzufinden).

Dann ist man allein mit den Schnäpsen und liest
die grauen Karten und Todesanzeigen.
Das ist wohl der Teil, bei dem man Tränen vergießt.
Und irgendwann folgt dann das Schweigen.

Dorian dachte, er habe den Abschied geschafft.
Zumindest glaubte er seinen erlogenen Gedanken:
Das bisschen Wunde, das immer noch klafft!
Das bisschen Leiden! Das bisschen Wanken!

Da hat er sie auf der Straße erkannt.
Es schien fast so, als ginge sie spazieren.
Es regnete, doch sie hatte keinen Schirm in der Hand.
Es war kalt, und sie musste wohl frieren.

Das war Donna! So echt ist kein Wahn.
Er lief hinter ihr und wäre ewig so gegangen;
er hätte wohl alles für ein Wiedersehen getan.
Was soll der Tod, wenn er das Leben hat, verlangen?

Da nahm er ihre Hand
und sagte zu ihr: »Was machst du denn hier?«
Und sie entriss sich seiner Hand,
drehte sich weg und verschwand.

Es verging etwas Zeit, bis sie ihm wieder erschien.
Sie saß auf der Couch, als wäre nichts gewesen.
Es war beinah so, als erwarte sie ihn,
um mit ihm in der Zeitung zu lesen.

Er spürte, wie Narbengewebe zerriss.
Wenn er nichts sagte, würde er zerbrechen.
Doch die Worte, die er zwischen den Zähnen zerbiss,
waren zu laut, er wollte sie nicht sprechen.

Da nahm er ganz sacht ihre Hand
und sagte zu ihr: »Was machst du denn hier?«
Und sie entwand sich seiner Hand,
stand auf und verschwand.

Dann sah er sie auf einer Decke auf dem Kaufhausdach.
Dort saßen sie oft und träumten vom gemeinsamen Morgen.
Er sah sie in der Kneipe, schweigend im Krach;
dort tranken sie wegen der gemeinsamen Sorgen.

Er sah sie einkaufen – scheinbar für sein Lieblingsgericht.
Er sah sie am Gleis 4, dort lernten sie sich kennen;
sie, wie sie allein am Tisch sitzt und spricht.
Er sah sie und musste sich immer wieder von ihr trennen.

Er sah sie, und jedes Mal schmerzte es mehr.
Er hatte Wunden, zu viele, um sie zu verbinden.
Auch Donna verletzten die Abschiede sehr,
mit jedem weiteren Finden und Verschwinden.

Im Kino, im Film, den sie gemeinsam schon sahen:
»Was machst du denn hier?«
In ihrem Lieblingsrestaurant:
»Was machst du denn hier?«

Vor dem Haus seiner Eltern:
»Was machst du denn hier?«
An der versteckten Badestelle am Baggersee:
»Was machst du denn hier?«

Bei der Bandprobe seines Bruders:
»Was machst du denn hier?«
Sie im einzigen Kleid, das er sich je getraut hat ihr zu
schenken:
»Was machst du denn hier?«

Sie auf dem Fahrrad, sein Lieblingslied summend:
»Was machst du mit mir?«
Sie mit seinem T-Shirt im Bett:
»Was machst du denn hier?«

Neben ihm in der U-Bahn:
»Was machst du denn hier?«
Sie mit seinen Freunden Fußball guckend:
»Was machst du denn hier?«

Sie, wenn er aufwacht:
»Was machst du denn hier?«
Sie, wenn er einschläft:
»Was machst du mit mir?«

Sie vor seinem Grab:
»Was machst du mit dir?«

»Du hast noch das Leben, das mir so sehr fehlt.
Du hast gelernt, wie schnell es uns entgleitet,
hast mit mir gemeinsam den Countdown gezählt
und mich bis in die Erde begleitet.

Das reicht doch als Abschied, das reicht für uns zwei.
Du solltest schon lang nicht mehr weinen.
Ist doch nur ein bisschen Tod, was ist schon dabei?
Ich hab meinen schon, wieso sehnst du dich nach deinem?

Wenn du jetzt schon dein Leben an Gräbern verbringst,
dann wird mein Tod noch ein zweites Mal gewinnen.
Es gibt für dich das Leben, in dem du wieder singst,
du musst es aber irgendwann beginnen.«

Der Tod ist ein Arschloch, und er kommt, wann er will,
und es ist nicht gestattet, Einspruch zu erheben.
Wer den eigenen Tod stirbt, bleibt für allemal still,
doch nach dem Tod der andern darf man leben.

Wie ein Schneekönig

Es war einmal ein König, und es war einmal sein Reich.
Es war einmal alles gefroren.
Es war einmal eine gefrorene Zeit.
Ich habe mich einmal verloren

in Schnee überbackenen Winterlandschaften;
im Schatten des fallenden Schnees;
in der unter trittfester Eisschicht verborgenen
Ruhe des schlafenden Sees;

in eiszapfenschmuckstückbehangenen Wäldern,
der Lichtreflexion des Kristalls;
im Beat, den der Schnee auf dem Erdboden spielt
beim Aufprall am Ende des Falls;

im Blühen und Welken des eiskalten Atems:
sein einziger, größter Moment,
als ob ein Komet seine Reise beginnt,
die Erde erreicht und verbrennt.

Durch all diese gänsehautfördernden Bilder
betritt man das Schneekönigreich.
Darin steht ein neuschneeweiß glänzendes Schloss.
Neuschwanstein sieht da im Vergleich

aus wie ein Iglu, von Kindern erbaut,
und nicht grad den klügsten im Hort.
Ein von Sagen und Schneewehenwogen umwobener
geheimnisvoll glitzernder Ort.

Aus eisblumenförmigen Schlossfenstern dringt
stets das Lachen des Königs des Schnees
beim Anblick der Kinder beim Eishockeyspielen,
dem Treiben am Rande des Sees;

und wie auf dem Schlittenspezialschnee 3000,
den er extra dafür erfand,
so manches Kind schon durch die Schallmauer brach
und am Ende des Hanges verschwand.

Wenn abends im Bett müde Schneeballschlachthelden
von Schneeballschlachtsiegen erzähl'n,
da lässt der Schneekönig neuen Schnee schneien,
wo in der Schneedecke Schneeflocken fehl'n.

Und hätte nicht eine erkältete Hexe,
von Grippesymptomen geplagt,
zwischen zwei Niesern mit heiserer Stimme
die tragischen Worte gesagt:

»Abrakahatschi! Verflucht sei die Kälte!«
Dann wäre nichts weiter geschehen.
Am Morgen danach stand der König am Fenster,
um sich seine Welt anzusehen –

da war da kein Schnee, keine klirrende Kälte,
kein wolkenfrisch glänzendes Weiß.
Nur Schmelzwasserpfützen auf Brauntonlandschaften –
und von seiner Stirn perlte Schweiß.

Ein Kribbeln kroch von seinen Fußspitzen aufwärts
und stülpte sich über sein Herz.
Eine wolldeckenweiche Berührung der Haut,
ein das Leben bejahender Schmerz.

Wellen der Wonne ergriffen den König
wie ein beruhigender Feueralarm –
ein fremdes Gefühl, das er so noch nicht kannte,
dem König des Schnees wurd' es warm.

Es war einmal ein König, und es war einmal sein Reich.
Das war plötzlich nicht mehr gefroren.
Es war einmal eine gefrorene Zeit,
und die hat der König verloren.

Er lief durch die einstmals so prachtweiße Welt
und den tauenden Rest, der noch blieb.
Die Eisblumen lagen als Pfützen am Boden,
auf lauwarmem Teichwasser trieb

ein in Tausende Teile zerbrochenes Puzzle
aus Eisschichtfragmenten des Sees.
Im Wald fielen Tropfen von Ästen und spielten
das Abschiedslied schmelzenden Schnees.

Und selbst die so kunstvolle Krone des Königs
floss in Rinnsalen über die Haut.
Die Welt, die er kannte, sein Reich, das er liebte,
sein Leben aus Eis war getaut.

Da traf es wie eine Lawine den König:
Wo war seine Schneekönigin?
Die Schöne aus Schnee, die er selber erbaute,
schmolz sie etwa auch grad dahin?

Und wirklich, dort, wo sie einst stand, stand sie nicht mehr.
Ihr Körper aus Schnee war getaut.
Da lagen 'ne Möhre und zwei schwarze Steine,
in die hat er immer geschaut.

Zwei Äste, mit denen sie ihn so umarmte,
dass sie mit dem König verschmolz,
die jetzt keine liebenden Arme mehr waren;
nur langsam vermoderndes Holz.

Der Schneekönig wusste genau, was zu tun war,
doch dieser Schritt fiel ihm sehr schwer.
Er bat seinen ärgsten Rivalen um Hilfe,
den, der selber gern Schneekönig wär':

Frost Seehofer, der mit dem eiskalten Herz,
das so kalt war, dass alles gefror.
Der Schneekönig bat den machthungrigen Schurken,
sein Reich einzufrieren, und schwor,

jener würde statt seiner der Schneekönig werden.
Frost Seehofer willigte ein.
Die Kälte des Herzens erfüllte das Land,
und endlich begann es zu schnei'n.

Als der Schneekönig wieder zurück in sein Reich trat,
da knirschte es beim ersten Schritt;
das Stöhnen von Schnee einer noch nicht betretenen
Schneedecke, die man betritt.

Am Schlittenhang bremste ein Junge vergeblich.
Ein Eishockeyspiel wurd' verlor'n.
Der Junge flog mit seinem Schlitten davon.
Ein Schneeballschlachtheld wurd' gebor'n.

Und als er dann endlich die Stelle erreichte,
wo einst seine Königin stand,
die Stelle, an der sie sich dereinst verliebten,
die Stelle, von wo sie verschwand:

Da stand sie wie frisch aus dem Himmel gefallen.
Da stand sie im schneeweißen Kleid.
Da standen Schneekönig und Schneekönigin.
Da standen die Zeiger der Zeit.

Was bleibt, wenn das Märchen vom Schneekönig endet?
Frost Seehofer blieb auf dem Thron,
bis man ihn von dort mit Schneebällen verjagte
im Zuge der Schneevolution.

Das Schneekönigreich wurd' zur Schneerepublik,
man wählte ein Schneeparlament,
den Schneekanzler und den die Schneerepublik
repräsentierenden Schneepräsident.

Mit anderen Schneerepubliken Schneeropas
gründete man die Schnee-U.
Und wenn sie sich nicht für den Schneexit entschieden,
gehören sie heut noch dazu.